VERRINES
KÖSTLICHES
IM GLAS

THORBECKE

Zu den Verrines

Verrines sind eine französische Idee, das Wort ist eine
Mischung aus *verre* (Glas) und *terrine* (Pastete).
Salzig oder süß vertreten sie
bei einer Einladung die gewohnten Häppchen,
die Vorspeise oder den Nachtisch.

Zu den Rezepten

Die Angabe »für 4 bis 6« oder »für 6 bis 8 Verrines«
ist nur ein ungefährer Richtwert, der natürlich von der
Größe der verwendeten Gläser abhängt. Wer die Verrines
beim Stehempfang reichen will, sollte dafür sorgen,
dass die Gäste stressfrei essen können, weil sie das passende
»Werkzeug« (Kuchengabel, Löffel, Essstäbchen …)
haben und die Zutaten klein genug geschnitten sind.

AVOCADO-ORANGEN-PÜREE MIT KRABBEN

Für 6 bis 8 Verrines
Vorbereitungszeit: 20 Minuten
Kühlung: 1 Stunde

1 reife Avocado
1 EL Zucker
Saft von 2 Orangen

100 ml Milch
200 g Krabben

Die Avocado halbieren, das Fruchtfleisch mit Hilfe eines Löffels herauslösen und zerkleinern. Mit dem Zucker und dem Orangensaft pürieren, die Milch dazugeben und zu einer cremigen Masse verarbeiten. Das Püree in die Gläser füllen und eine Stunde kaltstellen, mit den Krabben anrichten und servieren.

Guten Appetit!

Tipp: Für einen Shake einfach mehr Flüssigkeit und Zucker hinzugeben und mit zusätzlichem Strohhalm servieren.

BELLA
ITALIA

Für 4 bis 6 Verrines
Vorbereitungszeit: 25 Minuten
Kühlung: 40 Minuten

60 g getrocknete Tomaten
6 Cocktailtomaten
250 g Büffelmozzarella
60 g Oliventapenade

50 g Pesto
Basilikumblättchen
Grissini

Die getrockneten Tomaten im Mixer pürieren. Die Cocktailtomaten vierteln, entkernen, in kleine Würfel schneiden
und zu dem Tomatenpüree geben. Den Mozzarella in feine
Scheiben schneiden, möglichst im Durchmesser der Gläser.
Nacheinander die Tomaten, den Mozzarella, die Tapenade
und das Pesto in die Verrines schichten, die Basilikumblättchen
darauflegen und mit Grissini servieren. *Guten Appetit!*

GARNELEN AUF COCKTAILSOSSE

Für 4 bis 6 Verrines
Vorbereitungszeit: 20 Minuten
Kühlung: 1 Stunde

200 ml saure Sahne
150 ml Tomatenketchup
150 ml Mayonnaise
1 EL Weinbrand
Saft von 1/2 Zitrone

Salz, Pfeffer
12–18 Garnelen
eine Limettenscheibe, geviertelt
eine Zitronenscheibe, geviertelt
Schaschlikstäbe

Die saure Sahne, den Ketchup, die Mayonnaise und den Weinbrand zu einer glatten Soße verrühren. Mit der Zitrone und Salz und Pfeffer abschmecken. Die Cocktailsoße in die Gläser geben und kaltstellen. Die Garnelen mit den Limetten- und Zitronenstückchen auf die Schaschlikstäbe spießen. Mit den Gläsern anrichten und servieren. *Guten Appetit!*

Tipp: Die klassische Cocktailsoße
kann mit frisch gehackten Kräutern, beispielsweise
mit glatter Petersilie verfeinert werden.

FRISCHKÄSE, SCHINKEN UND GURKE

Für 4 bis 6 Verrines
Vorbereitungszeit: 20 Minuten
Kühlung: 1 Stunde

1 unbehandelte Gurke
5 Scheiben Kochschinken
200 g Frischkäse
1 Knoblauchzehe
Saft von 1/2 Zitrone

frische gehackte Kräuter (Dill,
Petersilie Schnittlauch, ...)
Salz, Pfeffer
Paprikapulver

Die Gurke schälen, der Länge nach halbieren, mit einem Teelöffel entkernen und würfeln. Den Schinken ebenfalls in kleine Stücke schneiden. Den Frischkäse mit der zerdrückten Knoblauchzehe, dem Zitronensaft und Salz und Pfeffer ganz nach Geschmack in eine Schüssel geben, cremig rühren und in einen Spritzbeutel füllen. Abwechselnd alle Zutaten in die Gläser schichten. Kühlen und vor dem Servieren mit Paprikapulver und frischen Kräutern bestreuen. *Guten Appetit!*

Tipp: Schmeckt auch lecker
mit Crevetten oder Räucherlachs
anstelle des Schinkens.

GURKEN-JOGHURT-SUPPE

Für 4 bis 6 Verrines
Vorbereitungszeit: 20 Minuten
Kühlung: 1 Stunde

1 Gurke
2 Becher griechischer Joghurt
(je 200 g)
1 Knoblauchzehe
etwas Tabasco

2 EL Olivenöl
Schnittlauch und Garnelen zur
Dekoration
Salz, Pfeffer

Die Gurke schälen und der Länge nach halbieren. Mit Hilfe eines Löffels die Gurke entkernen, dann würfeln. Die Knoblauchzehe zerkleinern. Die Gurke, den Joghurt, den Knoblauch, eine Prise Salz und Pfeffer, 6 Spritzer Tabasco mit dem Olivenöl im Mixer cremig rühren. Diese Mischung in die Gläser geben, kaltstellen und vor dem Servieren mit dem Schnittlauch und den Garnelen anrichten. *Guten Appetit!*

KÄSE-SCHINKEN-WÜRFEL MIT CRÈME FRAÎCHE

Für 6 bis 8 Verrines
Vorbereitungszeit: 20 Minuten

300 g Gouda am Stück
200 g Kochschinken
200 g Crème fraîche
2 EL Milch

2 TL getrocknete Kräuter nach
Geschmack (Oregano, Rosmarin,
Salbei, Thymian, ...)
Salz, Pfeffer

Den Gouda mundgerecht würfeln, den Schinken in Streifen
schneiden und nacheinander in die Gläser portionieren.
Die Crème fraîche mit der Milch verrühren, nach Geschmack
salzen und pfeffern und darübergeben. Die Kräuter im Mörser
zerreiben, die Verrines damit bestreuen und servieren.
Guten Appetit!

ÜBERRASCHUNG
IN WEISS

Für 4 Verrines
Vorbereitungszeit: 25 Minuten
Kühlung: mindestens 1 Stunde

1 Zitrone	Pfeffer
100 ml Crème fraîche	1 Gläschen Lachskaviar
Dill	2 Scheiben geräucherter Lachs
frischer Basilikum	

Die Zitrone auspressen und gut mit der Crème fraîche glattrühren.
Nach Belieben Dill und Basilikum dazugeben und mit Pfeffer
abschmecken (etwas Dill zum Dekorieren zurückbehalten).
Die Hälfte der Creme in die Gläschen verteilen und den Großteil
des Lachskaviars daraufsetzen. Die andere Hälfte der Creme
darüberschichten. Den Lachs zerkleinern und auf die Gläser
verteilen. Vor dem Servieren am besten einige Stunden in den
Kühlschrank stellen, damit die Creme fester wird. Mit einem Zweig
Dill und dem restlichen Kaviar dekorieren und servieren.

Guten Appetit!

MAKI

Für 6 bis 8 Verrines
Vorbereitungszeit: 45 Minuten

2 Gläser gekochter Rundkornreis
1 TL Salz
1 TL Zucker
200 ml Reisessig
120 g Lachs
120 g roter Thunfisch

6 Nori-Algen-Blätter
Beilagen:
Sojasauce
Japanische Wasabi-Würzpaste
eingelegter Ingwer

Den Reis nach Packungsanleitung kochen. Essig, Salz und Zucker in einer Pfanne langsam erhitzen, bis der Zucker sich aufgelöst hat. Die Mischung unter den gar gekochten Reis geben und abkühlen lassen. Lachs und Thunfisch in Scheiben schneiden. Die trockenen Nori-Blätter in Form der Glasdurchmesser zurechtschneiden. Alle Zutaten abwechselnd nach Belieben schichten und am besten frisch servieren. *Itadakimásu!*

ŒUF MIMOSA

Für 4 bis 6 Verrines
Vorbereitungszeit 20 Minuten
Kühlung: 1 Stunde

5 hartgekochte Eier
200 g Mayonnaise
Schnittlauch

2 Spritzbeutel
Salz, Pfeffer

Die Eier halbieren und Eigelb und Eiweiß voneinander trennen. Jeweils mit der Hälfte der Mayonnaise pürieren und mit Salz und Pfeffer abschmecken. In zwei Spritzbeutel geben, in den Gläsern schichtweise anrichten und servieren. *Guten Appetit!*

Tipp: Die Eier lassen sich schnell durch Zugabe von frischen Kräutern oder eingelegtem Thunfisch verfeinern. Dafür einfach die Zutaten mit zu der Eigelb-Masse geben.

FETA UND PISTOU AUF ZUCCHINI-PÜREE

Für 4 bis 6 Verrines
Vorbereitungszeit: 20 Minuten

4 Zucchini
etwas Olivenöl
200 g Schafskäse

1 Glas Pistou
Pinienkerne

Die Zucchini kleinschneiden, mit etwas Öl 5 Minuten in einer Pfanne anschmoren und anschließend im Mixer pürieren. Die Masse in die Gläschen füllen und den Schafskäse in kleinen Stückchen lose darüberbröckeln. Darauf 2 Teelöffel Pistou und zusätzlich etwas Olivenöl geben, mit Pinienkernen anrichten und servieren. *Guten Appetit!*

TABOULÉ MIT HÜHNCHEN UND ZITRUSFRÜCHTEN

Für 6 bis 8 Verrines
Vorbereitungszeit: 35 Minuten

4 Hühnchenbrüste
Öl zum Braten
Salz, Pfeffer
2 Orangen
2 Pampelmusen
1 Zitrone
1 Glas heißes Wasser

200 g Hartweizengrieß
1 Gurke
4 kleine Tomaten
oder 20 Cocktailtomaten
10 Blätter Minze
eine Handvoll Pinienkerne
2 EL Olivenöl

Das Hähnchenfleisch mundgerecht kleinschneiden und mit etwas Öl in der Pfanne anbraten. Salzen und pfeffern. Eine Orange, eine Pampelmuse und die Zitrone auspressen und den Saft mit dem Wasser in eine Schüssel geben. Den Grieß hinzugeben und 15 Minuten quellen lassen. Zwischendurch mit der Gabel vermengen. In der Zwischenzeit die andere Orange und die andere Pampelmuse schälen und in kleine Stücke schneiden, ebenso die Gurke. Die Tomaten vierteln bzw. Cocktailtomaten halbieren. Die gewaschenen Minzeblätter kleinhacken und die Pinienkerne kurz in der Pfanne anbräunen. Alle Zutaten nun mit dem Öl in eine Schüssel geben und gut durchmengen. Wenn der Grieß zu hart ist, noch etwas heißes Wasser hinzugeben. In die Gläser aufteilen und servieren. *Guten Appetit!*

TOMATEN, MOZZARELLA UND PESTO

Für 4 bis 6 Verrines
Vorbereitungszeit: 25 Minuten

5 reife Tomaten
Meersalz
300 g Büffel-Mozzarella
1 Bund Basilikum

2 Knoblauchzehen
40 g Pinienkerne
40 g Parmesan am Stück
2 EL Olivenöl

Die Tomaten halbieren, entkernen, klein würfeln und etwas salzen. Den Mozzarella in Scheiben schneiden, möglichst in der Größe der Gläser. Abwechselnd Tomaten und Käse in die Gläser schichten. Den Basilikum mit den Knoblauchzehen, den Pinienkernen, dem Parmesan und 2 Esslöffeln Olivenöl bis zur gewünschten Konsistenz pürieren. Die Gläser mit dem Pesto anrichten und servieren. *Guten Appetit!*

HUMMUS MIT KAROTTENMOUSSE UND NACHOS

Für 6 bis 8 Verrines
Vorbereitungszeit: 30 Minuten
Kühlung: 1 Stunde

200 g Karotten
1 kleiner süßlicher Apfel
1 gelbe Paprika
1 Dose Hummus (ca. 200 g)
Saft von 1/2 Zitrone

1 Knoblauchzehe
2 EL Olivenöl
1 Packung Nachos (Tortilla-Chips)
Salz, Pfeffer

Die Karotten und den Apfel schälen, grob würfeln und mit der ebenfalls kleingeschnittenen Paprika in einen Dampfdrucktopf geben. Etwa 5 Minuten garen. Alles kurz abkühlen lassen und mit dem Pürierstab zu einer Mousse verarbeiten. Den Hummus mit der Zitrone, dem zerdrückten Knoblauch und dem Öl glattstreichen. Nach Bedarf salzen und pfeffern. Den Hummus in die Gläser geben, die Mousse daraufgeben und kaltstellen. Vor dem Servieren einige Nachos in die Gläser stecken, die anderen separat dazu reichen. *Guten Appetit!*

Die süße Note der Mousse ergänzt sich
gut mit dem herben Geschmack der Kichererbsen.
Die Nachos tragen zu dieser Verbindung
noch die nötige Würze bei.

SPARGEL-ZUCCHINI-GEMÜSE MIT PARMESAN-SAHNE

Für 4 bis 6 Verrines
Vorbereitungszeit: 30 Minuten

6 Stangen grüner oder roter Spargel
Butter zum Dünsten
1 Zucchini
1 kleine Zwiebel
1 Knoblauchzehe
2 Msp. gemahlener Kümmel

2 Msp. Salz und Pfeffer
1/2 TL Zucker
1 Zweig Rosmarin
200 ml Sahne
100 g Parmesan
frisch gemahlener Pfeffer

Den Spargel der Länge nach halbieren und kleinschneiden, ebenso die Zucchini und die Zwiebel. In etwas Butter etwa 10 Minuten andünsten. Den Knoblauch zerdrücken und mit Kümmel, Salz, Pfeffer und Zucker vermischen, dann zusammen mit dem Rosmarinzweig zum Gemüse geben. 2 bis 3 Minuten köcheln lassen, dann den Rosmarinzweig wieder herausnehmen und die Mischung abkühlen lassen. Mit dem Käsehobel einige Parmesanspäne für die Dekoration vorbereiten. Den restlichen Käse zerkleinern und in einem Topf unter ständigem Rühren langsam mit der Sahne erhitzen. Reduzieren lassen, bis sich eine schöne Creme gebildet hat. Abkühlen lassen. Das Gemüse in die Gläser füllen. Die Creme vor dem Servieren kurz anwärmen und darübergeben. Mit den Parmesanspänen dekorieren, etwas Pfeffer darübermahlen und servieren. *Guten Appetit!*

APFELSTRUDEL MIT VANILLESOSSE

Für 6 bis 8 Verrines
Vorbereitungszeit: 1 ¼ Stunden

1 fertiger Blätterteig (ca. 250 g, tiefgekühlt oder aus dem Kühlregal)
etwas Mehl
Backpapier
500 g Äpfel
Saft von 1 Zitrone
1/2 TL Zimt
30 g Zucker

30 g Rosinen
30 g Mandeln, gehackt
1 EL Rum
90 g Butter
50 g Paniermehl
50 g Zucker
1 Päckchen Vanillesoße
Puderzucker

Den Blätterteig auf einer bemehlten Fläche als Rechteck auslegen. Die Äpfel schälen, kleinschneiden und mit dem Zitronensaft beträufeln. Zimt, Zucker, Rosinen, Mandeln und Rum mischen. Die Hälfte der Butter in einer Pfanne schmelzen, das Paniermehl und die Zuckermischung zufügen und leicht anrösten. Die Mischung auf dem Blätterteig verteilen, darüber die Apfelmasse; die kurzen Seiten vom Blätterteig etwas über die Füllung schlagen, damit beim Aufrollen nichts herausfallen kann. Über die lange Seite aufrollen, mit der Naht nach unten auf ein mit Backpapier belegtes Blech legen und in den auf 200° C vorgeheizten Ofen schieben. Die restliche Butter in einem Topf auslassen. Den Apfelstrudel auf der mittleren Schiene etwa 45 Minuten backen, dabei öfters mit Butter bepinseln. Die Vanillesoße nach Packungsanleitung zubereiten. Den Strudel in die Gläser portionieren, mit Puderzucker bestreuen und mit der heißen Vanillesoße servieren. *Guten Appetit!*

Tipp: Die kalte Alternative wird mit Vanilleeis gereicht!

ERDBEEREN
AUF
ZITRONENMELISSE

Für 6 bis 8 Verrines
Vorbereitungszeit: 20 Minuten

500 g Erdbeeren
1 Bund Zitronenmelisse
2 EL Agavendicksaft,
alternativ Honig

200 ml Sahne
1 Päckchen Vanillezucker
8 Blättchen Minze
gehackte Pistazien

Die Erdbeeren in mundgerechte Stücke schneiden und kaltstellen.
Die Blätter der Zitronenmelisse abzupfen, waschen und
mit dem Agavendicksaft pürieren. Die Sahne in einen Behälter
geben und mit dem Vanillezucker halbsteif schlagen. Das
Melissenpüree in die Gläser geben, mit den Erdbeeren auffüllen
und mit einem Klacks Sahne dekorieren. Mit einem Minze-
blättchen und den Pistazien dekoriert servieren. *Guten Appetit!*

APRIKOSEN-INGWER-MOUSSE MIT LEBKUCHENBROT

Für 6 bis 8 Verrines
Vorbereitungszeit: 30 Minuten
Kühlung: 2 bis 3 Stunden

300 g Aprikosen aus der Dose,
(Abtropfgewicht)
1 TL Ingwerpulver
20 g kandierter Ingwer
5 Blatt Gelatine
50 g Zucker
300 ml süße Sahne

6 Scheiben Lebkuchen bzw.
Gewürzbrot
1 Fläschchen Aprikosensirup
Nach Wunsch zur Dekoration:
noch einmal 6-8 Scheiben kandierter
Ingwer

Die Aprikosen, den Zucker und den Ingwer (Stücke und Pulver) vermischen (eventuell einige Hälften zum Dekorieren beiseite legen). Die Gelatine eine Minute lang in kaltem Wasser einweichen. Die Hälfte der Aprikosen-Ingwer-Masse weichkochen, etwas abkühlen lassen. Darin die Gelatine auflösen, dann die restliche Masse wieder hinzutun, von der Herdplatte nehmen und erkalten lassen. Die Sahne steifschlagen und vorsichtig die kalte Aprikosen-Ingwer-Masse unterziehen. Lebkuchen oder Gewürzbrot in kleine Würfel schneiden, die Würfel in die Gläser schichten, darauf die lockere Mousse geben und für mindestens 2 Stunden kaltstellen. Etwas Aprikosensirup darübergeben, mit einer Scheibe kandiertem Ingwer oder einem Viertel Aprikose dekorieren und servieren. *Guten Appetit!*

KUNTERBUNTE GÖTTERSPEISE

Für 6 bis 8 Verrines
Vorbereitungszeit: 30 Minuten
Kühlung: mindestens 5 Stunden

3 Päckchen verschiedenfarbige Götterspeise

1 Päckchen Vanillesoße

Die Götterspeise und die Vanillesoße nach Packungsanleitung zubereiten, in separate Behälter füllen und kaltstellen. Auf einen Teller stürzen und in kleine Würfel schneiden. Diese bunt gemischt in die Gläser geben und mit Vanillesoße servieren.

Guten Appetit!

Tipp: Die Götterspeisewürfel
lassen sich gut mit Obstwürfeln in der gleichen Farbe
mischen oder dekorieren.
Vorsicht: Kiwi oder Ananas lösen
die Götterspeise auf.

HIMBEER-
TIRAMISU

Für 6 bis 8 Verrines
Vorbereitungszeit: 30 Minuten
Kühlung: 5 Stunden

18-24 Löffelbiskuits
1 kleines Glas Amaretto
125 g Himbeeren
80 g Puderzucker

3 Eier
250 g Mascarpone
6 zerbröselte Amarettini
60 g gehackte Pistazien

Die Löffelbiskuits in kleine Stücke schneiden und mit der Hälfte die Böden der Gläser auslegen. Die Hälfte des Amaretto darüberträufeln. Die schönsten Himbeeren zum Dekorieren beiseite legen, die anderen grob zerdrücken, mit 30 g Puderzucker vermengen und die Hälfte auf die Biskuits geben. Für die Eier-Mascarpone-Creme die Eier trennen. Das Eigelb mit 25 g Puderzucker schaumig rühren, dann den Mascarpone dazugeben. Das Eiweiß mit 25 g Puderzucker steifschlagen. Den Eischnee vorsichtig unter die Eigelbmasse ziehen und zur Hälfte auf die Himbeeren geben. Darauf in derselben Abfolge die andere Hälfte der Biskuits mit Amaretto und der Himbeermasse schichten und kaltstellen. Mit den zerbröselten Amarettini und den Pistazien bestreuen und servieren.

Guten Appetit!

HÜTTENKÄSE
AUF
KIRSCHBETT

Für 4 bis 6 Verrines
Vorbereitungszeit: 20 Minuten
Kühlung: 2 Stunden

30 g Butter
1 Glas Kirschkonfitüre (ca. 370 g)
50 g Rohrohrzucker

2 EL Cognac
1 Vanilleschote
300 g Hüttenkäse

Die Butter in einem Topf zergehen lassen, die Kirschkonfitüre und
den Zucker dazugeben und für 5 Minuten aufkochen lassen.
Den Cognac darübergeben und kurz flambieren. Die Vanilleschote
der Länge nach öffnen, das Mark herauskratzen und zu der
Kirschmasse geben. Auf reduzierter Flamme nochmals 5 Minuten
köcheln, abkühlen lassen und in den Kühlschrank stellen. In
die Gläser füllen, den Hüttenkäse darauf verteilen und servieren.
Guten Appetit!

JOGHURT MIT MÜSLI UND KOMPOTT

Für 4 bis 6 Verrines
Vorbereitungszeit: 10 Minuten

400 g Naturjoghurt
Müsli und Kompott nach Wahl

je bunter desto besser!

Joghurt ins Glas geben, Müslimischung dazu, Kompott obenauf, und fertig ist die gesunde Stärkung. *Guten Appetit!*

Inspirationen
für die Müslizusammenstellung:

Amaranth
Buchweizenflocken
Cranberries
Datteln
Erdbeeren
Feigen
Gerstenflocken
Honigpops
Ingwer (kandiert)
Johannisbeergelee
Kokosflocken
Leinsamen
Mohn
Nüsse

Orangenspalten
Physalis
Quinoa
Reisflocken
Sojakerne
Trockenfrüchte (Ananas, Banane, Papaya, Mango, …)
Ugli (eine Mischung aus Mandarine und Grapefruit)
Vollkorncornflakes
Walderdbeeren
Zimt

KAFFEE-
SCHOKO-
TRAUM

Für 4 bis 6 Verrines
Vorbereitungszeit: 25 Minuten
Kühlung: mindestens 1 Stunde

500 ml Milch
1 Msp. Vanillemark
3 Eigelb
30 g Zucker
1 EL Maisstärke

3 TL Kaffee-Instantpulver
80 g dunkle Schokolade,
70% Kakaoanteil
Schokoladen-Mikadostäbchen

Die Milch mit der Vanille kurz aufkochen lassen. In einer Schüssel das Eigelb mit dem Zucker, der Stärke und dem Kaffee-Pulver zu einer glatten Masse verarbeiten (eventuell etwas kaltes Wasser dazugeben, damit sich die Stärke auflöst). Die Masse zur Milch geben und die Schokolade stückchenweise untermengen. Alles bei geringer Hitze so lange verrühren, bis sich die Schokolade aufgelöst hat. Die Mousse in die Gläser füllen und mindestens 1 Stunde kaltstellen. Mit den Mikadostäbchen dekorieren und servieren.

Guten Appetit!

MILCHREIS MIT HIMBEEREN UND SPEKULATIUS

Für 6 bis 8 Verrines
Vorbereitungszeit: 35 Minuten
Kühlung: 1 Stunde

250 ml Vollmilch
150 ml süße Sahne
115 g Zucker
1 Vanilleschote

90 g Rundkornreis
2 Blätter Gelatine
250 g Himbeeren
10 zerbröselte Spekulatius

Die Milch mit der Sahne und 60 g Zucker auf mittlerer Flamme erhitzen. Die Vanilleschote der Länge nach aufschneiden, das Mark herauskratzen und dazugeben. Den Reis kalt waschen und kurz vor dem Sieden in die Milch geben. Unter regelmäßigem Rühren 15–20 Minuten garkochen. Währenddessen die Gelatineblätter in kaltem Wasser aufweichen. Die Himbeeren mit 75 g Zucker und 2 Esslöffeln Wasser in einen Topf geben und auf kleiner Flamme erhitzen. Die Gelatine hinzugeben und verrühren, bis sie sich aufgelöst hat. Den Milchreis und die Himbeeren mindestens 1 Stunde kaltstellen. Dann den Milchreis in die Gläser füllen, darauf die Himbeeren geben, schließlich die Spekulatiusbrösel darüberstreuen und servieren. *Guten Appetit!*

PANNA COTTA MIT ROTEN FRÜCHTEN

Für 6 bis 8 Verrines
Vorbereitungszeit: 20 Minuten
Kühlung: 2 Stunden

150 ml Milch
150 ml süße Sahne
50 g Rohrzucker
Mark einer 1/2 Vanilleschote

2 Blätter Gelatine
250 g gemischte rote Früchte
(frisch oder tiefgekühlt)
60 g Zucker

Die Milch, die Sahne, den Rohrzucker und die Vanille 5 Minuten lang auf kleiner Flamme köcheln lassen. Währenddessen die Gelatine in kaltem Wasser aufweichen und danach in der Milchsahne auflösen. Die Gläser befüllen und für mindestens 2 Stunden kühlen. Den Zucker mit etwas Wasser im Topf auf kleiner Flamme auflösen, dann die Früchte dazugeben. 1 bis 2 Minuten zu einem lockeren Kompott kochen und abkühlen lassen. Vor dem Servieren auf die Panna cotta geben. *Guten Appetit!*

HIMBEEREN MIT JOGHURT-SAHNE AUF BAISER

Für 6 bis 8 Verrines
Vorbereitungszeit: 30 Minuten
Kühlung: 4 Stunden

200 ml Sahne
200 ml Naturjoghurt
80 g Baiser (am leckersten frisch vom Konditor)
1 Päckchen gefrorene Himbeeren

Für den Krokant:
100 g gehackte Haselnüsse
Zucker

Die Sahne steifschlagen, mit dem Joghurt vermengen und ein Drittel in die Gläser füllen. Die Baisers zerkleinern und zur Hälfte auf der Joghurt-Sahne verteilen. Darauf die gefrorenen Himbeeren geben und mit einem weiteren Drittel der Creme bedecken. Die andere Hälfte des Baisers darübergeben und mit dem letzten Drittel der Joghurt-Sahne überziehen. Mindestens 4 Stunden kaltstellen. Für den Krokant die gehackten Haselnüsse ohne Fett langsam in der Pfanne anrösten und nach Geschmack mit Zucker bestreuen. Den Zucker in der heißen Pfanne schmelzen lassen. Die kalten Verrines mit warmem Krokant bestreut servieren.

Guten Appetit!

MOUSSE AU CHOCOLAT

Für 6 bis 8 Verrines
Vorbereitungszeit: 2 mal 15 Minuten
Kühlung: 2 mal 30 Minuten

Für die Schoko-Karamell-Mousse
50 g Zucker
350 ml Sahne
3 Eigelb
120 g dunkle Schokolade,
70% Kakaoanteil
20 g Puderzucker

Für die weiße Schokoladenmousse
150 g weiße Schokolade
250 ml Sahne
1 Blatt Gelatine
10 g Puderzucker
Zum Dekorieren
1 Fläschchen Schokoladensoße

Den Zucker in eine Pfanne geben und auf kleiner Flamme karamellisieren. 100 ml der Sahne einrühren, in eine Schüssel über die zerkleinerte dunkle Schokolade geben. Rühren, bis sich die Schokolade aufgelöst hat, und das Eigelb dazugeben. Die restliche Schlagsahne (250 ml) mit dem Puderzucker steifschlagen und unter die abgekühlte Karamell-Schokoladenmasse ziehen. Die Mousse in die Gläser füllen und kaltstellen. Die Gelatine in kaltem Wasser einweichen. Die Hälfte der Sahne (125 ml) erhitzen, die Gelatine darin auflösen und in eine Schüssel über die zerkleinerte weiße Schokolade geben. Die andere Hälfte der Sahne mit dem Puderzucker steifschlagen und unter die abgekühlte weiße Schokoladenmasse ziehen. Die Gläser mit der Mousse auffüllen und nochmals kaltstellen. Mit der Schokoladensoße dekorieren und servieren. *Guten Appetit!*

SCHOKODUETT

Für 4 bis 6 Verrines
Vorbereitungszeit: 2 mal 15 Minuten
Kühlung: 4 Stunden

80 g dunkle Schokolade
80 g weiße Schokolade
4 Eier

3 EL Puderzucker
Sablés oder andere mürbe Kekse

Die dunkle Schokolade im Wasserbad schmelzen. 2 Eier trennen.
2 Eiweiß mit 1 1/2 Eßlöffel Puderzucker zu Eischnee schlagen.
2 Eigelb zu der geschmolzenen und leicht abgekühlten Schokolade
geben, weiter abkühlen lassen und den Eischnee vorsichtig
unterheben. Die Masse in die Gläser füllen und 2 Stunden in den
Kühlschrank stellen. Dann mit der weißen Schokolade
genauso verfahren, auf die dunkle Schokolade geben und wiederum
2 Stunden kaltstellen. Die Mousse mit Keksen servieren.
Guten Appetit!

SÜSSE MILCH
MIT
SAGO

Für 6 bis 8 Verrines
Vorbereitungszeit: 25 Minuten

750 ml Vollmilch
250 ml Sahne
4 EL Zucker (evtl. mehr)

50 g Sago
1/4 TL Zimt

Milch, Sahne und Zucker in einen Topf geben und mit dem Sago unter Rühren aufkochen lassen. 10 Minuten quellen lassen, dann den Zimt unterrühren und in Gläser füllen. Kalt oder warm servieren und für alle, die es besonders süß mögen, noch separat Zimt und Zucker dazureichen. *Guten Appetit!*

Tipp: Ceylon-Zimt ist etwas teurer,
aber hochwertiger und feiner
im Aroma als der weitverbreitete Cassia-Zimt.
Beim nächsten Einkauf
einmal auf die Herkunft achten!

VANILLEPUDDING MIT RHABARBER-KOMPOTT

Für 6 bis 8 Verrines
Vorbereitungszeit: 30 Minuten
Kühlung: 4 Stunden

1 Päckchen Vanillepudding
500 ml Milch
500 g Rhabarber
4 EL Zucker

1 Päckchen Vanillezucker
1 Zimtstange
Waffelröllchen
Zucker

Den Vanillepudding nach Packungsanleitung zubereiten, in die Gläser füllen und kaltstellen. Den Rhabarber gründlich waschen, in kleine Stücke schneiden und mit dem Zucker bestreuen. Sobald der Rhabarber Saft gezogen hat, den Vanillezucker und die Zimtstange hinzugeben, zum Kochen bringen, bei schwacher Hitze weichdünsten und dabei darauf achten, dass der Rhabarber nicht zerfällt. Das Kompott erkalten lassen, auf den gekühlten Pudding geben und mit einem Waffelröllchen servieren. *Guten Appetit!*

ZITRONEN-VERRINE

Für 4 bis 6 Verrines
Vorbereitungszeit: 35 Minuten
Kühlung: 2 Stunden

1 Biskuitboden (am besten frisch vom Konditor)
Lemoncurd (ca. 300 g, im Supermarkt im Marmeladenregal zu finden)
3 Eier

100 g Zucker
30 g Maisstärke
200 ml Wasser
2 ungespritzte Zitronen
20 g Butter

Die Gläser mit dem zerkleinerten Biskuitboden auslegen. Einen Esslöffel Lemoncurd daraufgeben. Die Eier trennen. Das Eigelb mit dem Zucker und der Maisstärke in einen Topf geben und mit dem Wasser gut verrühren. Die Schale einer Zitrone abreiben und mit dem Saft beider Zitronen zu der Mischung geben. Auf dem Herd vorsichtig erhitzen, jedoch nicht aufkochen lassen. Die Butter dazugeben und abkühlen lassen. Das Eiweiß zu Eischnee schlagen und vorsichtig unter die abgekühlte Eigelbcreme ziehen. Die Zitronenmousse in die Gläser füllen und 2 Stunden kaltstellen. Einen weiteren Esslöffel Lemoncurd in jedes Glas geben und servieren. *Guten Appetit!*

Fotos: Finken & Bumiller, Chandima Soysa

Mix
Produktgruppe aus vorbildlich
bewirtschafteten Wäldern, kontrollierten
Herkünften und Recyclingholz oder -fasern
www.fsc.org   Zert.-Nr. GFA-COC-001575
© 1996 Forest Stewardship Council

Dieses Buch wurde auf FSC-zertifiziertem Papier gedruckt.
FSC (Forest Stewardship Council) ist eine nicht staatliche, gemeinnützige Organisation,
die sich für eine ökologische und sozial verantwortliche Nutzung
der Wälder unserer Erde einsetzt.

Bibliografische Information der Deutschen Nationalbibliothek
Die Deutsche Nationalbibliothek verzeichnet diese Publikation
in der Deutschen Nationalbibliografie; detaillierte bibliografische Daten
sind im Internet über http://dnb.d-nb.de abrufbar.

© 2009 by Jan Thorbecke Verlag der Schwabenverlag AG, Ostfildern
www.thorbecke.de
info@thorbecke.de

Gestaltung: Finken & Bumiller, Stuttgart, Chandima Soysa
Abbildung auf dem Umschlag: Finken & Bumiller, Chandima Soysa
Gesamtherstellung: Jan Thorbecke Verlag, Ostfildern
Hergestellt in Deutschland
ISBN 978-3-7995-0284-9